Statuts

DE LA SOCIÉTÉ EN COMMANDITE

L'ÉCHO DES PROVINCES A PARIS.

TITRE PRÉLIMINAIRE.

ARTICLE PREMIER. — L'œuvre que nous fondons est une œuvre toute libérale.

Elle a pour but, à côté de la politique courante, de répandre, parmi ceux qui en furent trop longtemps privés, l'instruction morale et intellectuelle; de contribuer au bien-être de tous en popularisant les méthodes, en vulgarisant les progrès et les découvertes de l'agriculture, du commerce, de l'industrie, des sciences et des arts; de compléter leur éducation de citoyens par l'étude exacte des droits et des devoirs, ainsi que par une juste appréciation des intérêts internationaux.

Elle est, enfin, une œuvre d'émancipation vraie, sage et progressive, portant surtout, et en première ligne, sur la manifestation et l'indépendance de l'esprit départemental.

Isolé dans chaque partie de la France, cet esprit, qui est celui de la nation, n'a pas d'organe central dans la grande ville où se décident les destinées du pays. Nous voulons lui en créer un afin que la plainte ne reste pas sa seule et éternelle ressource, et qu'il ait où se faire entendre avant l'extrémité des faits accomplis.

ART. 2. — Le principe de l'exploitation nous est et nous demeurera toujours étranger ; tout calcul aléatoire est banni des opérations que notre œuvre comporte ou comportera.

TITRE PREMIER.

Du Journal.

ART. 3. — Il est formé, par les présentes, une Société en commandite, par actions, entre les soussignés et tous ceux qui adhéreront aux présents statuts en souscrivant un nombre quelconque d'actions.

Un actionnaire ne pourra jamais être tenu, dans aucun cas, au-delà des actions qu'il aura souscrites.

ART. 4. — La Société a pour objet la publication d'un journal quotidien intitulé : L'ÉCHO DES PROVINCES A PARIS.

Une feuille détachée y sera jointe, au moins une fois par semaine (sous le nom de *Revue de l'Écho*), pour la publication de documents intéressant particulièrement l'agriculture, l'industrie, les sciences, la jurisprudence et les arts. Cette feuille contiendra également les annonces qui se rattachent à ces diverses matières. La Re-

vue pourra paraître deux fois par semaine, si
l'abondance et l'importance des matières com-
muniquées l'exigent.

Art. 5. — La durée de la Société est fixée à
quinze années, à partir du jour de sa constitution
définitive.

Toutefois et à mi-terme, les actionnaires, con-
voqués à cet effet en assemblée générale, pourront à la majorité absolue des suffrages exiger
la liquidation, le remboursement de leurs fonds
et la répartition intégrale des bénéfices.

Art. 6. — Le siége social est fixé à Paris, où
toutes les formalités nécessaires à la publication
légale de la présente constitution sociale devront
être remplies dans le délai de trois mois à partir
de ce jour.

TITRE II.

Des Actions.

Art. 7. — Le capital social est de cent vingt
mille fr.; il est représenté par douze cents actions
de cent francs chacune. Ces actions sont nominatives, sauf ce qui va être dit ci-après. Leur
transfert peut avoir lieu par simple endossement.
La direction pourra sur toutes les émissions
d'actions en fractionner le nombre qu'elle jugera
convenable par coupons de vingt francs, au porteur.

Art. 8. — Il est réservé au conseil d'administration de porter le capital social à deux cent

mille francs : au dessus de ce chiffre, il doit demander l'approbation des actionnaires.

Art. 9. — Chaque action et chaque coupon d'action donne droit :

1° A un intérêt de six pour cent par an ;

2° A un dividende payable en même temps que l'intérêt, provenant des trois cinquièmes des bénéfices nets de l'année ; les deux autres cinquièmes étant attribués aux fondateurs ;

3° A une part proportionnelle dans tout ce qui compose l'avoir ou l'actif de la Société.

Art. 10. — Les intérêts et dividendes sont payables à la direction sur la présentation des actions ; ils seront prescrits au profit de la Société, faute par les actionnaires de les avoir réclamés dans l'année à partir de leur échéance. — Cette échéance sera notifiée par la gérance au moyen d'avis insérés au journal ou dans une circulaire.

Art. 11. — Les titres d'actions sont reçus comme espèces à la direction générale et chez les représentants de la Société ; mais seulement en paiement des abonnements, annonces ou ouvrages de la Société.

Art. 12. — Les actions souscrites, et non complétement libérées trois mois après l'échéance de la condition ou du terme fixé par la souscription, seront prescrites au profit de la Société.

Aucune autre prescription, à moins qu'elle ne soit introduite par décision d'une assemblée générale, ne peut atteindre les actions libérées ou non, qu'elles aient été délivrées pour titre provisoire ou définitif, qu'elles soient au porteur ou nominatives, lorsqu'elles ont été enregistrées et numérotées.

La perte du titre n'entraîne donc pas la déchéance de la propriété; il suffira de la justifier.

Art. 13. — Les titres d'actions et de coupons d'actions sont signés en séance du conseil d'administration par le directeur-gérant et l'un des membres de ce conseil. Mention numérative en doit être faite au procès-verbal de la séance. Ils sont extraits d'un registre à souche, et portent leur numéro d'ordre.

Chacune de ces formalités est essentielle.

Art. 14. — Toute émission d'actions, à partir du numéro six cent, pourra servir à l'achat d'une presse, d'un matériel d'imprimerie et d'un brevet d'imprimeur ou d'éditeur, qui deviendront la propriété de la Société.

Cette opération lui permettra d'atteindre promptement son but par la diminution du prix de ses abonnements, et d'employer ses presses à la publication d'ouvrages instructifs sur l'agriculture, l'industrie, les sciences et les arts.

Art. 15. — Les souscriptions étant données dans l'intérêt et pour le succès de l'entreprise, les actions ne seront remboursables, même en cas de démission ou de révocation, que dans la condition prévue par le paragraphe 2 de l'article 5 des présents statuts.

TITRE III.

De l'Administration de la Société.

Art. 16. — La Société est représentée par un directeur-gérant, responsable des faits de la Société.

Art. 17. — La gérance s'exercera sous la surveillance d'un conseil d'administration composé de cinq membres choisis parmi les fondateurs du Journal.

Le directeur-gérant en fait partie, et assiste aux séances pour y proposer et discuter les affaires.

Art. 18. — La Société est représentée dans ses rapports avec le directeur-gérant et le conseil d'administration par un comité de surveillance composé de cinq membres choisis parmi les plus forts actionnaires.

Art. 19. — Les décisions de ces conseil et comité peuvent être prises au nombre de trois membres présents, pourvu qu'elles le soient alors à l'unanimité.

Ils choisissent eux-mêmes leur président et leur secrétaire.

Art. 20. — Chaque membre du comité de surveillance des actionnaires doit être titulaire de douze actions au moins de la Société.

Art. 21. — Les conseil et comité se réunissent toutes les fois que les besoins de la Société le réclament.

ART. 22. — Le conseil d'administration délibère et statue sur toutes les questions qui intéressent la Société.

Il imprime la direction qui doit être suivie et prononce sur toutes les affaires, sauf le recours à l'assemblée générale des actionnaires lorsqu'il est d'urgence ou jugé tel.

Les membres de ce conseil appelés à faire un service actif et permanent auront droit à des bulletins de présence d'une valeur de vingt francs.

Néanmoins quel que soit le nombre des réunions, il ne pourra leur être alloué plus de cinq bulletins par mois.

ART. 23. — Le comité de surveillance exerce ses fonctions dans les limites que la loi et les usages commerciaux ont fixées aux commanditaires.

Les fonctions des membres de ce comité sont purement honorifiques.

ART. 24. — A la majorité de quatre voix, les conseil et comité peuvent suspendre un de leurs membres et même le remplacer.

ART. 25. — La nomination et la révocation des inspecteurs, correspondants et employés de la Société, la quotité de leurs honoraires, gratifications ou remises appartiennent au directeur-gérant sous l'approbation administrative.

ART. 26. — La direction ne répond pas des

pertes de fonds, titres ou pièces quelconques, occasionnées par cas fortuit ou force majeure.

Art. 27. — Le directeur-gérant est tenu de fournir dans l'année de son installation un cautionnement de dix mille francs en actions de la Société, qui resteront attachées au registre à souche ou déposées chez le notaire de la Société pendant toute la durée de la gérance.

Il ne lui en sera fait remise que sur une délibération du conseil d'administration.

Art. 28. — Le directeur-gérant est révocable en cas de faute grave ou de malversation. Toutefois sa révocation définitive ne peut être prononcée que par l'assemblée générale des actionnaires.

Art. 29. — En cas de décès ou de démission du directeur-gérant, le conseil d'administration en déléguera les fonctions jusqu'à la convocation de la prochaine assemblée générale.

Art. 30. — Le directeur-gérant ne peut se faire remplacer par un fondé de pouvoirs ou un représentant qu'avec le consentement exprès du conseil d'administration.

Art. 31. — Le traitement du directeur-gérant est fixé provisoirement par le conseil d'administration, et d'une manière définitive par l'assemblée générale.

Il en est de même pour les fonctions administratives.

Art. 32. — Le conseil d'administration doit être encore consulté sur la formation du comité de rédaction et la fixation des honoraires dont jouiront les rédacteurs ainsi que sur les avantages qui pourront leur être faits ; d'arrêter le budget des recettes et dépenses qui doit être présenté chaque année à l'assemblée générale des actionnaires, et de pourvoir enfin à toutes les matières administratives dont la solution ne serait pas prévue dans les présents statuts.

ART. 33. — Les frais de patente et de loyer des bureaux de l'administration, ceux des ports de lettres et paquets qui lui seront adressés sous le timbre social sont à la charge de la Société.

ART. 34. — Il sera dressé des bordereaux et états spéciaux de comptabilité relatifs aux principales opérations de la Société, lesquels seront fournis gratuitement aux inspecteurs ou agents de la Société, dans le but de faciliter, de mettre de l'unité et de la clarté dans les redditions de compte qui auront lieu trimestriellement. — Un règlement et une instruction spéciale seront publiés à ce sujet dans le trimestre qui suivra immédiatement la constitution.

ART. 35. — La signature ou raison sociale précédée du titre du journal se composera du nom du directeur-gérant, auquel seront joints les mots : *et compagnie.*

Elle ne peut être déléguée qu'au mandataire ou représentant du directeur-gérant nommé ainsi qu'il est expliqué par l'article 30.

TITRE IV.

Des Assemblées générales.

Art. 36. — L'assemblée générale se compose de tous les actionnaires de la Société. Chaque propriétaire d'une action au moins a le droit de prendre part aux délibérations.

Les porteurs de coupons d'action ne jouissent que de l'assistance et de la voix consultative, s'ils ne sont porteurs de cinq coupons au moins.

Les uns et les autres peuvent s'y faire représenter par procuration ou même par lettre spéciale déposée.

Art. 37. — Les convocations doivent être faites quinze jours à l'avance, par-avis inséré au journal, ou par circulaire expresse.

Art. 38. — L'assemblée générale se réunit d'obligation une fois par an, à l'effet d'examiner les comptes qui lui sont présentés par la gérance, lorsqu'ils ont été vérifiés et approuvés par le conseil d'administration et le comité de surveillance.

Art. 39. — Chaque assemblée générale constitue elle-même son bureau, composé d'un président, d'un secrétaire et de deux scrutateurs.

Le doyen d'âge y exerce provisoirement les fonctions de président.

Art. 40. — Le directeur-gérant et les membres du conseil d'administration assistent à l'assemblée générale, exposent et discutent les

matières qui font ou peuvent faire l'objet des
délibérations, mais ne peuvent prendre part à ces
délibérations alors même qu'ils seraient actionnaires ou porteurs de procurations.

ART. 41. —L'assemblée générale vote son budget annuel d'après l'exposé qui lui est présenté
de ses recettes et de ses dépenses.

Elle statue en outre sur toutes les questions qui
lui sont soumises soit par le directeur-gérant, le
conseil d'administration ou le comité de surveillance, soit même par un de ses membres.

ART. 42. — Le directeur, le conseil d'administration et le comité de surveillance, peuvent, en
se conformant aux formalités prescrites par les
articles 36 et 37 et dans le cas prévu au paragraphe 2 de l'article 22, convoquer extraordinaire-
ment la Société en assemblée générale.

TITRE V.

De l'Organisation de la Société.

ART. 43.—La Société est représentée en France
par trois cent soixante inspecteurs, soit un inspecteur par arrondissement.

Tout inspecteur doit être titulaire d'au moins
six actions de la Société, payables; savoir :

Deux tiers, soit 400 francs, comptant, ou dans
la huitaine de la souscription.

Et un tiers soit 200 francs, par compensation

ou imputation sur les honoraires qui pourront lui être dus.

Il est interdit au directeur-gérant et au conseil d'administration d'accorder aucunes conditions, aucuns délais autres que ceux précités.

Art. 44. — Les inspecteurs sont tenus de se conformer strictement aux statuts actuels, aux réglements d'administration ou instructions comptables qui seront ultérieurement promulgués.

Ils sont tenus de donner connaissance desdits statuts et de tous autres documents nécessaires, aux actionnaires, agents, correspondants ou abonnés de la Société avec lesquels ils traiteront en son nom.

Art. 45. — Il est loisible aux inspecteurs d'organiser pour leur compte un service de directions cantonales. Les émoluments ou remises qu'elles comporteront seront fixés de gré à gré entre ces directeurs et les inspecteurs.

Pour faciliter cette organisation, il est accordé aux inspecteurs une remise de dix pour cent sur toutes les opérations qu'ils feront en sus du chiffre annuel de huit mille francs qui leur est imposé par le paragraphe 2 de l'article 46 qui suit.

Art. 46. — Chaque inspecteur a droit, dès la réception de son brevet, à un traitement fixe de douze cents francs par an, payable trimestriellement.

Ce traitement est accordé sous la condition expresse de réaliser pendant le trimestre un chiffre de deux mille francs en souscriptions ou abonnements pris pour la Société.

Dans le cas où leurs opérations n'atteindraient pas cette somme, le traitement subira une réduction proportionnelle. Ce chiffre pourra d'aileurs se composer des trois quarts de la valeur, soit quinze cents francs versés comptant, et d'un quart, soit cinq cents francs payables le trimestre suivant.

Art. 47. — Leur traitement ne prendra jamais date que du commencement d'un mois.

Art. 48. — La liquidation des comptes et le paiement du traitement ne sont exigibles que dans le courant du mois qui suivra l'envoi du bordereau de l'inspecteur.

Les inspecteurs ou les directeurs ne pourront jamais garder en caisse, sous aucun prétexte, les fonds provenant des souscriptions ou abonnements qu'ils auront recueillis pour la Société, à peine de révocation immédiate.

Art. 49. — Il ne sera exercé aucune retenue sur le traitement du premier trimestre, quand bien même l'inspecteur n'aurait pas réalisé le chiffre voulu, pourvu que le premier et le second trimestres totalisés représentent l'exigé de quatre mille francs indiqué au paragraphe 2 de l'article 46.

Art. 50. — Les inspecteurs ont droit en outre des avantages précités, 1° à une remise sur le prix de leur abonnement personnel, qui est obligatoire. Sa fixation appartient à la direction. Elle aura pour base l'activité et le zèle qu'ils

auront déployés dans l'exercice de leurs fonctions.

2° A une remise de tant pour cent sur l'en-
semble des opérations faites pendant l'année
tant par eux-mêmes que par les directeurs qu'ils
auront pu instituer. La fixation en appartient à
l'assemblée générale, et ne pourra dans tous les
cas dépasser, pour tous les inspecteurs de la Société, le quart du bénéfice net attribué aux actionnaires par le paragraphe 2 de l'article·9.

Art. 51. — Le nombre des affaires et l'intérêt
de la Société le réclamant, il pourra être créé
des inspecteurs généraux dont le nombre, toutefois, n'excédera pas celui de quatre. Ils rece-
vront des honoraires que le directeur fixera provisoirement, sauf ratification de l'assemblée générale pour l'avenir.

Et, si le directeur et le conseil estiment qu'il
doit aussi leur être attribué des parts sur les bénéfices, ces parts seront prises sur les deux cinquièmes réservés aux fondateurs, dans la même
proportion que celle indiquée à l'article précé-
dent.

Art. 52. — Toutes les prescriptions de ce
titre étant essentielles, elles ne pourront être
modifiées que par l'assemblée générale des actionnaires.

TITRE VI.

Dispositions générales.

Art. 53. — Les fondateurs ayant pour la plupart fait des dépenses et des frais assez importants pour créer les nombreux rapports qu'ils ont établis dans toute la France et parvenir à l'établissement du journal, il leur est attribué à titre d'indemnité deux cinquièmes des bénéfices nets, réservés par l'article 9 paragraphe 2, d'après un tableau spécial qui sera dressé par les soins de la direction.

Seront considérés et admis comme fondateurs tous ceux qui auront souscrits dans le mois et soldé dans les trois mois, à partir de la date des présents statuts, un nombre de quinze actions de la Société.

Art. 54. — Les actionnaires réunis en assemblée générale peuvent seuls apporter aux présents statuts les modifications, changements, suppressions ou additions jugés convenables ou nécessaires.

Art. 55. — L'exécution des délibérations de la Société, les actions à intenter ou à défendre pour elle, sont dans le ressort du directeur-gérant, qui y procède dans les formes voulues par la loi.

Art. 56. — Le conseil d'administration sera constitué par le directeur-gérant ; ses membres sont inamovibles sauf l'exception motivée, portée en l'article 24.

Art. 57. — Les présents statuts seront déposés chez un notaire, et toutes les formalités civiles et commerciales accomplies par le directeur-gérant aussitôt que quatre cents actions auront été souscrites.

Fait à Paris, le 30 septembre 1848.

Signé DURAND DE LA BOUVARDIÈRE.

BUREAUX DE LA SOCIÉTÉ,

Rue Saint-Joseph, 6.

Paris, Imprimerie de Poussielgue, rue du Croissant, 12.